Insectos de fábula

Seis cuentos

Texto: Katiuscia Giusti

Traducción: George Gubbins Vásquez

Ilustraciones: Agnès Lemaire. Color: Doug Calder

Título original: Insects Galore

ISBN 13 de la edición original: 978-3-03730-095-4

ISBN 13 de la versión en castellano: 978-3-03730-208-8

© 2009 Aurora Production AG, Suiza

Derechos reservados. Impreso en Taiwán.

es.auroraproduction.com

El error de Leonor

Los sollozos de Tristán se oían por toda la casa y el jardín.

—¿Qué te pasa, Tristán? —preguntó el abuelo Diego cuando encontró a su nieto.

El niño se miraba el raspón que se había hecho en la rodilla y la sangre que le salía.

—Vaya, se ve que has sufrido un pequeño percance.

—Me duele mucho, abuelito —dijo Tristán lloroso.

—Me imagino. ¡Cuánto lo siento!

–¡Aaah! –dijo el abuelo de pronto–, creo que he descubierto por qué te caíste. Mira, tienes los cordones de la zapatilla sueltos. Seguro que te los pisaste.

–Quizá se me olvidó amarrarlos –confesó el niño–. Estaba haciendo una carrera con un amigo

para
ver quién
llegaba antes
al jardín, y debe de
ser que se me olvidó.

—A fin de cuentas, eso de ir
tan rápido no te resultó, porque
te lastimaste. ¿Sabes una cosa? Eso
me recuerda lo que le pasó a Leonor.

—¿Leonor? —preguntó Tristán mientras se enjugaba
las lágrimas.

—Sí. Leonor era una libélula que sufrió un pequeño
accidente, igual que tú; pero así aprendió.

—Cuéntame, abuelito —suplicó el niño.

–Un día Leonor se encontró con sus amigas Antonia y Candela... –comenzó diciendo el abuelo.

— ◆ —

–¿Saben lo que me pasó –exclamó Leonor jadeando cuando llegó al lugar donde estaban sus mejores amigas tumbadas al sol.

—A ver, cuéntanoslo –dijo Antonia.

—Desde luego se te ve cansada –intervino Candela–.
Habrás recorrido kilómetros volando.

—No tanto, pero es que acabo
de sufrir un accidente aterrador.
Se lo voy a contar todo.

Candela revoloteó y se posó en una hoja de diente de león. Antonia se acomodó bien cerquita. Ambas estaban ansiosas por saber lo que había pasado.

—Esta mañana hacía muy buen tiempo y decidí ir a ver a unos amigos míos, unas libélulas que viven en la charca —comenzó diciendo Leonor—. Nos pusimos a jugar a hacer acrobacias. Era muy divertido. Primero nos elevábamos lo más que podíamos y luego nos lanzábamos en picada a toda velocidad. El juego consistía en llegar hasta la superficie del agua y cazar uno de los mosquitos que sobrevuelan la laguna, pero sin mojarnos.

»A mí no me iba muy bien —confesó—. Me elevaba bastante, pero como no era capaz de descender tan rápido como los demás, casi no atrapaba ningún mosquito.

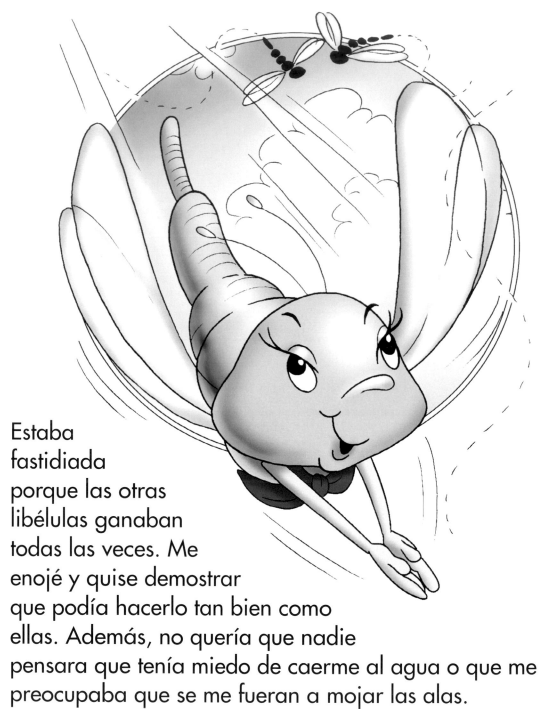

Estaba
fastidiada
porque las otras
libélulas ganaban
todas las veces. Me
enojé y quise demostrar
que podía hacerlo tan bien como
ellas. Además, no quería que nadie
pensara que tenía miedo de caerme al agua o que me
preocupaba que se me fueran a mojar las alas.

»No fui nada prudente. Me elevé mucho y decidí
lanzarme lo más rápido posible. Agarré tanta velocidad
en el descenso que no logré girar y cazar el mosquito,
sino que me estrellé estrepitosamente contra el agua

—explicó—. El golpe fue
tan fuerte que me mareé.
Mis amigos se quedaron
rondando por encima y me
preguntaron si estaba bien.
Yo les respondí que sí; pero
cuando traté de salir del agua,
no pude».

—¡Uy, qué horror!
—exclamó Candela.

—Seguro que pasaste
mucho miedo —dijo Antonia—.
Yo me habría asustado.

—Al principio no tenía
miedo, pero me empecé a
preocupar cuando me di
cuenta de que no podía
mover las alas. Las tenía
empapadas, y me pesaban
mucho. No las podía
levantar. Estaba
atrapada.

—¡Qué cosa!
—exclamó Antonia con
cara de preocupación.

—Y ¿qué pasó?
—preguntó curiosa Candela.

—Bueno, algunos de mis amigos vinieron a echarme una mano, pero no lograron levantarme.

»Pensé que me iba a tener que quedar en el agua largo rato, con riesgo de ahogarme. Mis amigos decidieron irse volando a pedir ayuda. Cuando me quedé sola, me sentí totalmente indefensa».

—Y ¿qué hiciste? —le preguntó Antonia.

—Recordé lo que mi mamá siempre me dice: que cuando me encuentre en una situación difícil, haga una oración. Le pedí entonces a Dios que les mostrara a mis amigos un modo de ayudarme o que enviara a alguien a socorrerme. Le prometí que la próxima vez tendría más cuidado, y no me pondría tan competitiva.

—¿Y entonces? —la interrumpió
Candela.

—Justo en ese momento se
acercaron dos niños a la charca.

Habían atrapado una rana en su casa y la llevaban al agua para dejarla en libertad. Pedí socorro, pero no conseguí que me vieran ni oyeran. Así que volví a rezar, y entonces la niña me vio.

»"¡Ciro, Ciro! —gritó—. ¡Hay una libélula en el agua que parece que está en apuros!"

»Su hermano se dio la vuelta, me vio y me sacó con suavidad del agua.

»"Pobrecita", dijo. Además, yo había tragado agua, porque ya llevaba bastante rato en la laguna. "¡Qué bueno que la viste! —le dijo a su hermana Celia—; no sé cuánto más habría aguantado en el agua. Dejémosla sobre esta hoja para que se le sequen las alas al sol y pueda volver a volar".

»"Buena idea", le contestó Celia».

—¡Suerte que llegaron esos niños justo cuando necesitabas ayuda! —reflexionó Candela.

—¡Qué miedo debiste de pasar! Me alegro mucho de que ahora estés bien —suspiró Antonia.

—Yo también —repuso Leonor—. De ahora en adelante tendré mucho más cuidado.

—Claro —dijo Antonia asintiendo con la cabeza.

—Oigan, juguemos a algo –propuso Candela.

Las otras dos la miraron.

—¿Por qué no? –respondió Leonor con una sonrisa–; pero recemos primero.

—Y tengamos mucho cuidado –agregó Antonia.

—Y no seamos muy competitivas –concluyó Candela.

— ◆ —

—Me alegro de que lo mío no fuera nada comparado con lo que le pasó a Leonor –comentó Tristán cuando terminó el cuento.

—Yo también me alegro –contestó su abuelo sonriente–. Es muy importante recordar que los accidentes suelen ocurrir por falta de cuidado, por cometer imprudencias; también, como en el caso de Leonor, cuando nos ponemos muy competitivos al jugar con los demás y sólo pensamos en ganar.

—Será mejor que me amarre los cordones, abuelito, antes de seguir jugando –dijo Tristán.

—Antes que te vayas, hay algo más que debes recordar del cuento de Leonor. Adivina lo que es.

Tristán se llevó la mano al mentón y se quedó pensativo.

—¿La importancia de orar?

—¡Correcto! De ese modo Dios puede evitar que te lastimes.

Tristán y su abuelo agacharon la cabeza y le pidieron a Dios protección. Luego Tristán se puso de pie de un salto y se fue a jugar con su amigo. En una hoja cercana, tres pequeños insectos que lo habían estado observando intercambiaron sonrisas.

Moraleja:

Pide ayuda a Dios cuando te haga falta, y Él acudirá en tu auxilio.

Una tonada de la nada

—A buelito, ¿me cuentas un cuento?
—preguntó Tristán mientras su abuelo lo arropaba bien
en la cama.

—Claro. A ver, ¿cuál podría ser? —dijo pensativamente.

—Otro acerca de Leonor y sus amigos insectos
—propuso el pequeño—. Me gustan mucho.

—Ajá, se me acaba de ocurrir uno estupendo —contestó
el abuelo—. Es sobre Antonia, la mariquita amiga de
Leonor. Sucedió precisamente a la hora de dormir.

—¡Yupi! —exclamó Tristán, después de lo cual se quedó
calladito para escuchar el relato.

—Una noche, bien tarde, cuando todos los niños del
vecindario ya estaban en cama, un grupito de insectos se
juntó... —comenzó a contar el abuelo Diego.

—La luna por el cielo se va durmiendo... —cantaba Antonia recostada en una hoja, contemplando el cielo estrellado.

—...y una cama en las nubes —entonó Arturo, uniendo su voz a la de Antonia— se está haciendo.

Al terminar la canción, Antonia y Arturo se callaron.

La noche era muy apacible. Se oía claramente el murmullo de un arroyo cercano, así como el susurro de las hojas del árbol donde ellos estaban, que se mecían por efecto de la suave brisa. También se oían otros ruidos: el chirrido de los grillos, los ululatos de los búhos que reclamaban su cena, el melodioso croar de las ranas y las pisadas de los mapaches que correteaban en busca de comida.

Antonia y Arturo escuchaban los sonidos nocturnos y observaban a las luciérnagas que emitían sus destellos bailando alrededor de la charca.

De pronto Antonia suspiró:

—¡Cómo quisiera componer una canción de cuna! —dijo sentándose y mirando a Arturo.

—¿Por qué no lo intentas? —le preguntó su amigo.

—No sería capaz. Jamás he escrito una canción; pero las de cuna me encantan.

—Haz la prueba —la animó Arturo—. Creo que podrías componer una canción hermosa.

—Podría intentarlo, pero es que...

No acabó la frase.

—Lo pensaré —concluyó.

Ambos se dieron las buenas noches y se acomodaron en sus hojas. Arturo se quedó enseguida profundamente dormido. Antonia, en cambio, estuvo un tiempo despierta pensando en la canción que quería escribir.

Se quedó un rato más cavilando, hasta que ella también cayó en un sueño reparador.

«¿Seré capaz de componer una? —pensó—. ¿Me animo? ¿Y si no me sale? ¿Qué voy a hacer entonces?»

Al día siguiente Antonia se fue volando a un lugar tranquilo para escribir su canción. Encontró una brizna de hierba que le pareció ideal para inspirarse y se instaló en ella. Al cabo de unos instantes ya estaba absorta en sus pensamientos.

«¿Cuál podría ser el tema? ¿Una estrella?», dijo pensando en voz alta. Enseguida meneó la cabeza. «¿Los animales nocturnos?» Arrugó la cara: la idea no le atraía. «Veamos... ¿la oscuridad? ¿Los sonidos de la noche?» Soltó un gemido angustioso. «Ni siquiera se me ocurre un tema para mi canción. No sé por dónde empezar».

Desalentada porque no conseguía hacer lo que tanto deseaba, exclamó: «¡Nunca valdré para nada! ¡Qué decepción! No hubiera debido intentarlo».

En ese momento oyó una voz.

—¡Ahí estás! Te andaba buscando.

Era Arturo.

A estas alturas, Antonia estaba consternada por su fracaso.

—¿Qué pasa? —preguntó Arturo al ver la cara de tristeza de su amiga.

—Nada —masculló ésta, sintiéndose incapaz de explicar su problema.

—A mí no me vas a engañar. Se te ve bastante desanimada. Arturo se sentó a su lado y le dio un amigable codazo.

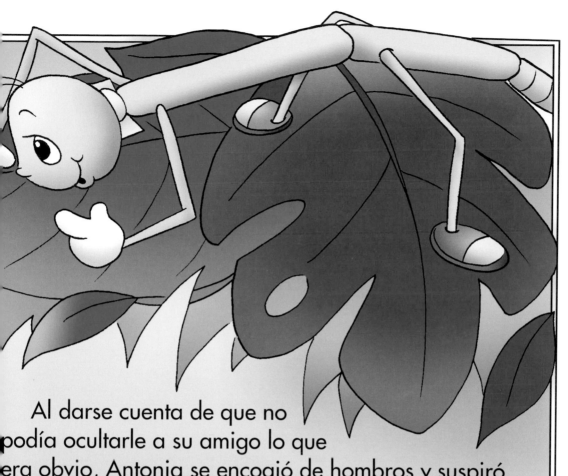

Al darse cuenta de que no podía ocultarle a su amigo lo que era obvio, Antonia se encogió de hombros y suspiró.

–En realidad, sí pasa algo. ¿Recuerdas que anoche te dije que quería componer una canción?

–Ajá –contestó Arturo. –Luego de pensármelo un poco más, hoy intenté escribir una.

–Seguro que te va a salir buenísima –le dijo Arturo con una cálida sonrisa.

–¡Yo creo que no! –repuso Antonia frunciendo el ceño–. Ni siquiera se me ocurre un tema para la canción. Estuve largo rato, y no me vino ninguna idea. ¡Yo no sirvo para eso! –sentenció.

—Siento que estés tan triste, Antonia —dijo su amigo—; pero no puedes darte por vencida. Debes seguir intentándolo. A veces hay que esforzarse una y otra vez hasta conseguirlo.

—¡Es que no puedo! —dijo ella exasperada—. ¡Para mí es imposible escribir una canción de cuna!

Arturo se quedó meditando unos instantes. Luego se volvió hacia su angustiada amiga y le dijo:

—Oye, ¿le pediste a Dios que te ayudara?

Antonia lo negó con la cabeza sin levantar la mirada.

—Deberías hacerlo —le insistió Arturo—. Estoy seguro de que Él te ayudará.

Y yo también si me dejas. Yo tampoco he compuesto nunca una canción. Será la primera vez para los dos; pero juntos, y con la ayuda de Dios, lo lograremos.

En el rostro de Antonia se dibujó una sonrisa.

–Me gusta la idea –dijo–. Eres un gran amigo.

–Muy amable por decirlo. Vamos, empecemos.

Ambos agacharon la cabeza para rezar.

–Diosito, te ruego que consueles a Antonia –rezó Arturo–. Ayúdanos a componer la canción. Inspíranos una melodía e incluso la letra. Anímanos también a perseverar aunque no nos parezca que esté saliendo bien. Amén.

–Se me ocurrió algo –dijo Antonia–. ¿Qué tal si la escribimos sobre los sonidos de la noche?

—¡Interesante! ¿Qué te parece
si luego se la cantamos a Leonor,
Bitita y Candela?

Antonia asintió con la
cabeza.

—Creo que les gustaría.
Pronto empezó a venirles
tanto la letra como la
melodía de la canción.
Cada vez que se quedaban
trabados, inclinaban la
cabeza y recurrían a Dios,
y Él les daba Su ayuda.
No tardaron en tener la
canción lista.

Aquella noche, a
la luz de la luna, se la
cantaron a sus amigas.
    —¡Qué hermosa canción!
—exclamó Bitita cuando
terminaron—. Me gustaría
aprenderla.
    A Candela le
encantó la
idea.
    Antonia
estaba requetefeliz.

—¡Qué cuento tan bonito! —le dijo Tristán a su abuelo cuando acabó—. ¿Crees que un día me puedes ayudar a escribir una canción de cuna?

—Por supuesto —contestó el abuelo—. Y cuando lo hagamos, podemos recordar todo lo que aprendieron Antonia y Arturo sobre no darse por vencidos y pedir ayuda a Dios.

—Sí. Yo creo que saldrá una buena canción —dijo el niño sonriendo.

Luego bostezó.

—Abuelito, ¿me cantas la canción de Antonia antes que me duerma?

—Claro. Cierra los ojos y te la canto.

Canción de la noche

Cuando se oscurece el cielo
y las estrellas alzan vuelo,
me encanta prestar oídos
a toda clase de ruidos.

Las ranas ensayan su canto,
y los grillos, otro tanto
Las hojas bailan
con los vientos
susurrando mil y un cuentos.

Calla y pon atención.
Así oirás la canción
que en todas partes se entona
del atardecer a la aurora.

Moraleja:
Por difícil o imposible
que algo parezca, lo
importante es persistir.
Si pides ayuda a Dios,
con gusto te la dará.

Arturo el inseguro

—Ji, ¡i, ¡i, ¡i...
Tristán se reía
solo mientras subía la
escalera que llevaba
al porche de su casa.
Ahí se encontró con el
abuelo Diego sentado en
la mecedora, su asiento
favorito, contemplando
como de costumbre la
puesta del sol.

–Parece que te estás divirtiendo
–le dijo a modo de saludo.

Tristán alzó la vista y sonrió.

–¡Es que acabo de ver algo
muy gracioso!

–Eso parece –le respondió el
abuelo–. Cuéntame, ¿qué era?

–Estábamos jugando
atrás –continuó Tristán–
cuando vimos a Damián salir
de su casa. ¡Y no vas
a creer lo que pasó!

—¿Ah, sí? —preguntó el abuelo curioso, arqueando una ceja—. ¿Qué sucedió?

—Resulta que Damián salió por la puerta, tropezó y se cayó por las escaleras. Pero lo chistoso fue que después se le quedó el pie atrapado en un balde chico que había ahí, y no lo podía sacar. Estuvo un buen rato forcejeando, y cuando por fin lo consiguió, ¡se le quedó el zapato en el balde!

Para cuando Tristán terminó de contar el incidente, se desternillaba de risa. Por el contrario, el rostro del anciano denotaba tristeza.

—¡Pudo haberse lastimado de gravedad! ¿Cómo crees que se sintió cuando tú y tu amigo se rieron de él? —le preguntó el abuelo.

Tristán lo miró. No se le había ocurrido pensar en ello.

El anciano prosiguió:

—Ponte en su lugar. ¿Cómo te sentirías tú si te pasara algo desafortunado y alguien, al verlo, se echara a reír? ¿Te gustaría?

—No mucho, no —dijo Tristán en un murmullo, mirando el suelo.

—Por lo general, es desagradable que se burlen de uno, sobre todo después que ha sufrido un accidente. Eso me recuerda un cuento de Arturo.

A Tristán se le iluminó el rostro.

—¡Cuéntamelo, abuelito, por favor!

Arturo iba abriéndose camino lentamente por entre las briznas de hierba. Andaba encorvado y cojeaba, apoyando casi todo su peso en una ramita. Tenía una pata vendada, y una expresión de dolor en el rostro.

Resulta que el día anterior, mientras buscaba comida, se había tropezado con la raíz de un diente de león y se había lastimado la pata. Leonor acudió en su auxilio. Se la vendó y también le dio algo de comer, para que no tuviera que caminar más con la pata herida.

BOTIQUÍN

Al día siguiente, Arturo ya se sentía un poco mejor y podía desplazarse cojeando con la ayuda de una muleta. Pero aún estaba bastante desanimado.

«¡Qué desgracia la mía! —exclamó entre dientes—. Tengo este tremendo vendaje en la pata, y además me duele. ¡Estoy hecho un desastre! Si no me hubiera tropezado con esa raíz me habría ahorrado todo esto».

Siguió avanzando con dificultad. De pronto la muleta se le partió. Una vez más, fue a parar al suelo.

—¡AYYY! —gritó—. ¡Esto es el colmo! —se enojó—. Otra vez me he caído.

¡Pobre Arturo!
En ese momento escuchó risitas.
Se dio la vuelta y vio a dos escarabajos
sobre una hoja de trébol, riéndose.
Habían estado observando a Arturo
cuando cojeaba por entre la hierba, y
les hizo tanta gracia que se le rompiera
la muleta que les dio un ataque de risa.
—¡Mira que es torpe Arturo! —dijo
Pinto entre una carcajada y otra.
Lunares, su compañera,
empezó a cantar:
—¡Arturo es un
inseguro!

Pinto se puso a repetir la cantinela con ella, una y otra vez.

Arturo se quedó mirando hacia abajo. La pata herida le dolía más ahora, pero peor era el dolor que sentía por dentro. Tenía ganas de llorar y notó que se le empañaban los ojos. Entretanto, los dos escarabajos continuaban con su canción.

«Tienen razón, soy inseguro y torpe –pensó Arturo desconsolado–. Soy muy propenso a los accidentes. En cuanto me recupero de uno, me ocurre otro. Siempre me hago daño y se me caen las cosas. ¡Soy un desastre!»

–¡Váyanse! –dijo en tono triste a Lunares y a Pinto.

Pero los escarabajos burlones se rieron aún más.

—Caramba, ¿qué ha pasado aquí?

Era la voz de Leonor. Se sostenía en el aire justo encima de Arturo. Su mirada reflejaba preocupación.

—Así que fuiste tú el que gritó –dijo–. Arturo, ¡cuánto lamento que te hayas vuelto a caer!

Arturo no la miró; continuó con la vista fija en el suelo. Tenía los ojos llenos de lágrimas.

—Arturo, ¿estás desanimado? –preguntó la libélula, alarmada por el hecho de que su amigo, normalmente muy alegre, estuviera tan triste.

A continuación se sentó a su lado en una hoja.

—¿Te duele mucho? –le preguntó.

Arturo asintió levemente con la cabeza.

En ese momento Leonor escuchó a Lunares y a Pinto, que seguían con su cantinela y sus risas a poca distancia. Ladeó la cabeza para oír mejor lo que decían.

—¡Inseguro, inseguro, Arturo es un inseguro! —repetían, y soltaron una carcajada.

Los escarabajos no habían advertido la presencia de la libélula, y se sorprendieron cuando alzaron los ojos y la vieron en el aire delante de ellos. Leonor les lanzó una mirada de desaprobación.

—Oigan, escarabajos, ¿se están divirtiendo? —les preguntó.

Lunares y Pinto pararon de reírse y se incorporaron.

—Este... esto... —balbuceó Pinto.

—Es que vimos algo muy gracioso, eso es todo —indicó Lunares, tras lo cual miró a Pinto y soltó otra risita tonta.

Luego le explicó a Leonor:

—Arturo iba caminando y se le rompió la muleta. Fue muy chistoso.

Los dos escarabajos volvieron a reírse.

A Leonor no le hacía ninguna gracia.

–¿Saben una cosa? –les dijo–. Quizás a ustedes les pareció gracioso, pero el pobre Arturo se habría podido hacer mucho daño; y ustedes, en lugar de ir a ver si estaba bien, se rieron de él. Cuando nos burlamos de alguien que ha sufrido una desgracia, lo entristecemos más aún.

Los escarabajos miraron pensativos a Arturo. Súbitamente, la hoja de trébol en la que se habían instalado cedió por efecto del peso de ellos, y ambos cayeron al suelo. Fue gracioso verlos rodar por la suave hierba. Sin embargo, Leonor, en vez de reírse, se les acercó rápidamente y les preguntó si estaban bien.

—Vaya, ¡menuda caída! —dijo—. ¿Se hicieron daño?

—Yo estoy bien —respondió Pinto.

—Yo también. Fue solo un revolcón —añadió Lunares.

—¡Cuánto me alegro de que no se hayan hecho daño! —dijo la libélula mientras los ayudaba a levantarse.

—Me siento muy mal por haberme reído de Arturo —confesó Pinto sacudiéndose el polvo.

—Yo también —reconoció tímidamente su compañera—. Deberíamos pedirle perdón.

—Tal vez podemos ayudarlo con algo —propuso Pinto—, para que no tenga que caminar con la pata herida.

—Ese sería un lindo gesto —dijo Leonor sonriente—. Estoy segura de que Arturo agradecerá su amabilidad y su ayuda.

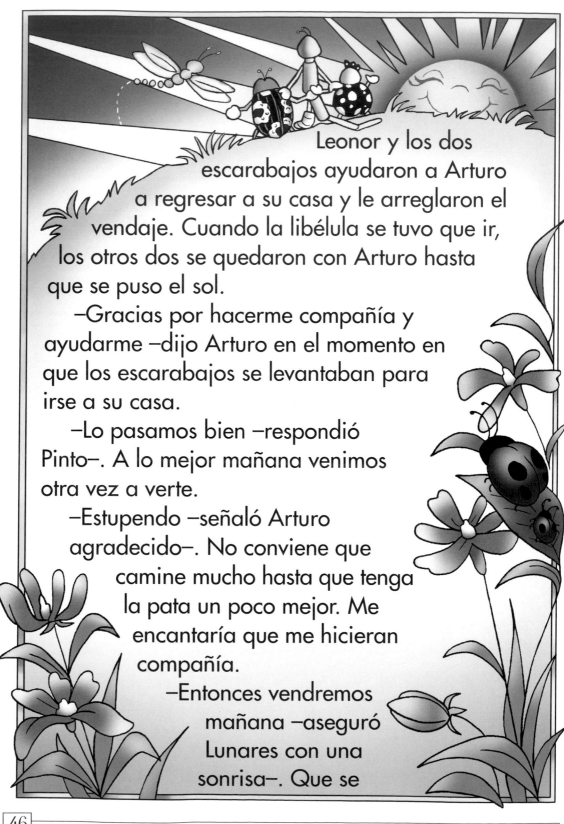

Leonor y los dos escarabajos ayudaron a Arturo a regresar a su casa y le arreglaron el vendaje. Cuando la libélula se tuvo que ir, los otros dos se quedaron con Arturo hasta que se puso el sol.

—Gracias por hacerme compañía y ayudarme —dijo Arturo en el momento en que los escarabajos se levantaban para irse a su casa.

—Lo pasamos bien —respondió Pinto—. A lo mejor mañana venimos otra vez a verte.

—Estupendo —señaló Arturo agradecido—. No conviene que camine mucho hasta que tenga la pata un poco mejor. Me encantaría que me hicieran compañía.

—Entonces vendremos mañana —aseguró Lunares con una sonrisa—. Que se

te cure pronto la pata. Chao.

—«Fin» —leyó el abuelo cerrando el libro.

—Me siento mal por haberme burlado de Damián —reflexionó Tristán luego de un momento de silencio—. Procuraré portarme mejor con él y no reírme cuando le pase algo malo.

—Excelente —dijo el abuelo—. Así seguro que él querrá ser tu amigo.

Moraleja:
Haz con los demás como quieras que hagan contigo. Verás lo mucho que recibes a cambio.

Flores y resplandores

—Hoy se te ve un poco desanimado, Tristán. ¿Te pasa algo? —preguntó el abuelo Diego al ver a su nieto en el sillón con cara triste.

—Lalo, mi mejor amigo, está enfermo —contestó Tristán—. Su mamá dice que tiene paperas y que no lo puedo ver porque me las podría contagiar.

—¡Cuánto lo siento! —respondió su abuelo—. Pero ella tiene razón. Sería una pena que te enfermaras, ¿no crees?

—Sí, pero es que yo quería jugar con él. Tal vez así se sentiría mejor.

—Estoy seguro de que él también tiene ganas de jugar contigo. A veces, sin embargo, uno tiene que hacer lo que más conviene, no lo que prefiere —le explicó el abuelo—. Verás, si Lalo y tú jugaran juntos ahora que él está enfermo, él no descansaría lo suficiente para mejorarse. Además, te podría contagiar las paperas, y entonces tú tendrías que guardar cama unos días, lo cual sería una lástima.

El abuelo hizo una pausa para que Tristán meditara en lo que le acababa de decir.

—Abuelito, ¿qué puedo hacer para que Lalo se sienta mejor? —preguntó el niño pensativo.

—Esa es una excelente pregunta, y demuestra una muy buena intención.

»Conozco un cuento que me servirá para responderte. Cierta vez Bitita y Antonia se enfermaron y...»

—Me siento pésimo
—anunció Bitita mientras
se acurrucaba en su cama.
—Yo también
—dijo Antonia.

El día anterior una tormenta las había sorprendido a ambas cuando se hallaban bastante lejos de su casa. Buscaron dónde refugiarse, pero llovía tan fuerte que las hojitas bajo las que se colocaron no alcanzaron a guarecerlas de las gruesas gotas que caían. Cuando llegaron a su casa, estaban empapadas.

Al día siguiente amanecieron las dos resfriadas y con una tos terrible. Se quedaron echadas cada una en una hoja, con mucho malestar.

«¡Ay, caramba! —pensó Candela al pasar cerca de Bitita y Antonia y verlas acurrucadas en sus camas—. Parecen muy abatidas. Quisiera hacerles una visita, pero corro el riesgo de contagiarme. ¡Cómo me gustaría hacer algo por ellas! Diosito, muéstrame qué puedo hacer para que se sientan mejor.

»Veamos, si yo estuviera enferma, ¿qué haría que me sintiera mejor? —se dijo en voz alta—. ¡Ya lo tengo! ¡Gracias, Dios mío, por esa idea!»

Con una sonrisa en los labios, voló en busca de sus otros amigos.

—Estuve pensando que sería lindo hacer algo para
animar a Bitita y a Antonia —explicó Candela a sus
amigos una vez que se hubieron reunido—. Se me ha
ocurrido algo que podría ser divertido para ellas y para
nosotros; pero necesito la colaboración de ustedes. ¿Me
ayudan a levantarles el ánimo?

—¡Claro que sí! —respondieron los demás al unísono.

—¡De acuerdo! Entonces acérquense y escuchen el
plan...

Unos minutos después, el grupito comenzó
entusiastamente a hacer los preparativos.

Había llegado la noche. La luna brillaba con fuerza, y en el firmamento se veían cientos de estrellas.

Entre una tos y un estornudo, Bitita y Antonia oyeron un crujido.

—¿Oíste eso? —le preguntó Bitita a su amiga luego de otro estornudo.

—Suena por este lado, por aquí —contestó Antonia—. Voy a ver qué es.

Antonia descendió de su hoja y se alejó unos pasos.

—¿Quién anda ahí? —preguntó.

Pero lo único que encontró fue
una hojita con algo escrito en ella.
   —«Presentación de *Flores y resplandores*»
—leyó Antonia.
   —¿Qué significa eso? —preguntó Bitita,
contenta de tener algo en qué pensar que no
fuera su garganta adolorida.
   —No sé. Parece el nombre de una exposición,
un espectáculo o algo así.

»Será algo que nos estamos
perdiendo porque estamos enfermas».
   —Sí, seguramente —dijo Bitita triste.

En ese preciso momento Candela llegó volando.

–¡Hola! –la saludó Antonia.

–¡Hola, amigas! Antonia, métete rápido en la cama, y pónganse cómodas las dos –dijo Candela–. ¡Les tenemos una sorpresa!

–¿Una sorpresa? –preguntó Bitita curiosa–. ¿Qué es?

–Ya verán –respondió Candela, y desapareció.

–¡Uy, qué emocionante! –exclamó Antonia, encaramándose rápidamente a su cama.

Pasó un minuto
y nada. De pronto la rana
gorda de la charca empezó
a croar, y una luciérnaga
resplandeciente se puso a
bailar a poca distancia
al ritmo de la canción de
la rana.

Luego apareció otra luciérnaga, y poco a
poco se les fueron uniendo más. Otras ranas se
pusieron a cantar acompañando a la primera.

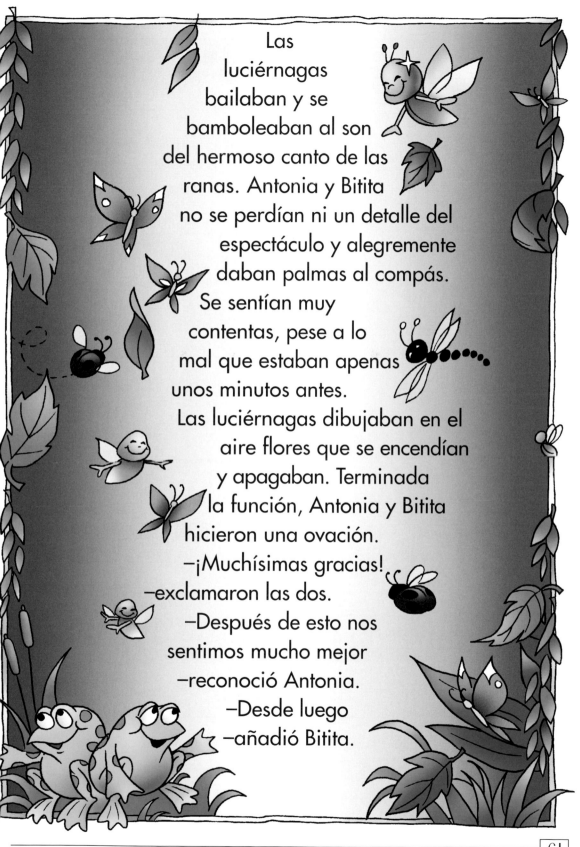

Las
luciérnagas
bailaban y se
bamboleaban al son
del hermoso canto de las
ranas. Antonia y Bitita
no se perdían ni un detalle del
espectáculo y alegremente
daban palmas al compás.
Se sentían muy
contentas, pese a lo
mal que estaban apenas
unos minutos antes.
Las luciérnagas dibujaban en el
aire flores que se encendían
y apagaban. Terminada
la función, Antonia y Bitita
hicieron una ovación.
–¡Muchísimas gracias!
–exclamaron las dos.
–Después de esto nos
sentimos mucho mejor
–reconoció Antonia.
–Desde luego
–añadió Bitita.

Las dos amigas se habían acomodado en su camita y estaban a punto de dormirse.

—Cuando nos mejoremos tenemos que hacer algo por nuestros amigos —le dijo Bitita a Antonia.

—Sí —respondió ésta con un bostezo—. Mañana podemos planear algo, como todavía tendremos que guardar cama...

—Buena idea. Que duermas bien —le deseó Bitita a su compañera al tiempo que se daba la vuelta y cerraba los ojos.

—Tú también.

—A lo mejor le puedo hacer a Lalo una tarjeta para desearle que se mejore y decirle que lo extraño —reflexionó Tristán al finalizar el cuento.

—Seguro que así se sentirá muy querido y verá que te acuerdas de él —le dijo el abuelo Diego—. Cuando la termines, te acompañaré a su casa para que se la entregues. ¿Te parece?

—Estupendo. La voy a preparar ahora mismo.

Para Lalo

Mientras se dirigía ilusionado a su habitación para buscar papel y lápices de colores, Tristán exclamó:

—Gracias, abuelito.

La queja
de la
abeja

–¡Eso es mío! ¡No te lo dejo! –gritó Tristán enojado mientras le quitaba a su primo Tomás una locomotora de juguete–. ¡Es mi mejor locomotora y quiero jugar con ella!

–Pero yo la tenía primero –protestó Tomás con los ojos llenos de lágrimas–. No está bien quitar cosas.

–¡Es mi juguete favorito! –dijo Tristán–, y no te lo dejo.

—Tristán, así no se habla.

Era el abuelo Diego, que al oír gritar a los niños había venido a ver qué pasaba.

—Es que Tomás agarra todos los juguetes que más me gustan y se pone a jugar con ellos —explicó Tristán.

—Pero él no está jugando con ellos —argumentó su primo lloroso—. Es sólo que no me los quiere dejar.

—¿Es eso verdad, Tristán? —preguntó el abuelo—. ¿Por qué no se los dejas?

—Porque... —Tristán hizo una breve pausa— a lo mejor me entran ganas de jugar con ellos; y si él los tiene, no puedo.

—Eso me trae a la memoria un cuento —dijo el abuelo rascándose la barbilla pensativamente.

—¿Sobre qué? —preguntó Tomás secándose las lágrimas.

—Si mal no recuerdo, a Bitita también le estaba costando prestar sus cosas —prosiguió el abuelo—. Déjenme ir a buscar mi libro de cuentos. Quizás aprendamos algo que nos ayude a solucionar este problema.

Los mejores cuentos

Bitita estaba pasando un mal día. Iba de un lado a otro de la colmena con el ceño fruncido. Se notaba que algo la preocupaba. Toda la mañana se había sentido triste y enfadada.

Al salir volando de la colmena para ir a buscar más néctar, escuchó que la llamaban.

—¡Bitita! ¡Espera!

Era Pepe, un amigo de una colmena cercana.

Bitita aminoró un poco la marcha. Estaba de tan
mal humor que no tenía muchas ganas de que Pepe
la acompañara.

Él jadeando la alcanzó y le sonrió.

—¡Uf, hoy sí que vas volando! Mantienes en forma a
las abejas viejas como yo —exclamó con una risita.

Bitita esbozó una sonrisa.

–Tengo prisa
–explicó–. Necesito
juntar más néctar.
Estaba
impaciente por
seguir con lo suyo,
y no tenía ganas de
hablar con nadie.
–¿Te importa que
te acompañe?
–preguntó él.
–Ven
si quieres
–contestó ella
apurando el
paso.

Volaron hasta un lugar donde
había varias flores llenas de jugoso
néctar que Bitita llevaría a la colmena para que
las demás abejas hicieran miel. Pepe no paraba de
charlar, pero Bitita apenas le respondía.

–¡Qué día más bonito! –exclamó él, haciendo una
pausa para echarse sobre una brizna de hierba.

Bitita se encogió de hombros.

–¡Ah, me encanta el verano! –prosiguió Pepe.

Nuevamente ella se quedó callada.

Por fin Pepe se incorporó y miró a Bitita, que estaba
frenéticamente recogiendo néctar.

—¿Qué te pasa?

—Nada —contestó ella.

—Bueno, en todo este tiempo no me has querido hablar. Es obvio que estás molesta por algo.

Pepe hizo una pausa.

—No estarás enojada conmigo, ¿no?

Bitita por fin dejó de correr de un lado a otro.

—¡No, en absoluto! —respondió, sintiéndose súbitamente muy arrepentida de no haberle hecho ningún caso a su amigo—. Lo siento, Pepe. No has hecho nada que me haya molestado. Es sólo que hoy ha sido un día terrible.

—Comprendo. Los días así no son nada divertidos —dijo Pepe poniéndose en su lugar—. ¿Pasó algo?

—Se podría decir que sí —contestó Bitita, colocándose al lado de Pepe sobre otra brizna de hierba—. Hace unos días, justo cuando acabábamos de juntar un montón de deliciosa miel, vino el apicultor y se llevó más de la mitad. Todos habíamos estado cantidad de días seguidos saliendo a recoger néctar para hacer miel, y él vino y se la llevó. Y no era la primera vez. Lo hace con bastante frecuencia.

»Antes no me importaba tanto –prosiguió–, porque no es que se la lleve toda. Siempre queda suficiente para nuestras necesidades. Pero a veces me da rabia porque nos cuesta mucho trabajo».

–¡Um! Entiendo que te fastidie –dijo suavemente Pepe–. Una vez, en mi colmena, yo me sentí igual.

–¿En serio? –preguntó ella sorprendida–. Y ¿todavía te molesta?

–No, porque descubrí algo muy interesante –respondió él–. Bitita, ¿sabes por qué el apicultor se lleva la miel?

–No –dijo ella negando con la cabeza.

—Resulta que el apicultor también le saca provecho a la miel, igual que nosotros. La encuentra tan deliciosa que se lleva una parte para comérsela con panqueques o con pan, o para preparar dulces.

—¿De verdad? —preguntó Bitita.

—Sí, le encanta. Y a su hijita también —añadió Pepe con una sonrisa.

Bitita se quedó un momento pensativa.

—Supongo que no está tan mal que se lleve nuestra miel. No sabía que era porque le gustaba tanto.

—A Dios le agrada que seamos generosos, aun con las cosas que nos gustan o que nos han costado trabajo —explicó Pepe—. Demos lo que demos, siempre recibimos más a cambio. A Dios le gusta que compartamos lo que tenemos con los demás, de la misma forma que Él comparte con nosotros el hermoso mundo que creó.

—Muchas gracias por explicármelo —le respondió Bitita dándole un abrazo—. Perdóname por haber estado tan gruñona esta mañana. Lo que me has dicho me ayudará a no amargarme por el hecho de que el apicultor se lleve nuestra miel. Ahora me siento mucho mejor.

—No hay de qué —dijo Pepe devolviéndole el abrazo—. ¡Me alegro de haber podido ayudarte!

Más tarde aquel mismo día, mientras recogía néctar, Bitita vio a la hijita del apicultor jugando en el jardín. La niña escuchó el zumbido de la abeja y exclamó sonriente:

—¡Gracias, Diosito, por las abejas! ¡La miel es tan rica! Gracias por enseñarles a hacerla, y gracias porque la comparten con nosotros.

Bitita sonrió de oreja a oreja. Se sintió muy satisfecha al escuchar lo feliz que hacía la miel a la niña.

—De nada —le susurró, y emprendió el regreso a la colmena.

—¡Te presto mis juguetes, Tomás! —anunció Tristán—, igual que a Bitita no le importó compartir con el apicultor y su familia la miel que tanto trabajo le había costado.

—Gracias —respondió su primo—. Los cuidaré bien.

El abuelo sonrió al salir de la habitación y dejar a los dos chicos jugando juntos alegremente.

Moraleja:
La generosidad hace feliz al que la practica, porque cuando damos a los demás, Dios nos da a nosotros.

—Abuelito, ¿conoces algún cuento de Navidad en el que aparezcan nuestros amigos insectos? —preguntó Tristán.

—Creo que sí —contestó el abuelo Diego—. Puedo revisar mi libro de cuentos. ¿Me lo traes, por favor?

—¡Enseguida! —exclamó el niño, que corrió escaleras arriba en busca del libro de cuentos favorito de su abuelo.

Al regresar con el libro, se sentó junto al anciano, ansioso de escuchar un cuento.

—Ah, aquí está, «¡Felicidad en Navidad!» —dijo el abuelo con una sonrisa, y empezó a leer...

Era un soleado día de invierno. La noche anterior había nevado, y el suelo estaba cubierto por una mullida y blanca alfombra. Varios insectos se dirigían a toda prisa a una reunión que había sido convocada, dejando pequeñas huellas zigzagueantes en la nieve.

Al rato todos los amiguitos habían llegado al punto de encuentro, una acogedora madriguera. Se pusieron bien juntitos para no pasar frío.

—Estaba pensando —empezó diciendo Arturo— que sería lindo hacer algo por nuestros vecinos esta Navidad.

—¡Podría ser divertido! —exclamó Leonor.

—Concretamente, ¿qué sería? —le preguntó Antonia.

—No sé bien —respondió Arturo—. Todavía no se me ha ocurrido nada. Por eso les pedí que vinieran, para poder conversarlo juntos. ¿Alguien tiene una idea?

–¡Um! En principio en Navidad la gente hace regalos –dijo Bitita pensativa.

–Y canta –corearon Pinto y Lunares.

–Sabía que se nos ocurrirían buenas ideas –intervino Arturo sonriendo.

–Entonces, ¿qué hacemos? –preguntó Lunares.

Se hizo silencio por un momento.

Tras reflexionar, Antonia explicó:

–Estaba pensando que la Navidad es el cumpleaños de Jesús, ¿sí o no? No sé qué le gustaría a Él que hiciéramos en Su cumpleaños.

–Preguntémoselo –propuso Arturo.

Los demás asintieron con la cabeza. De manera que los ocho insectos inclinaron la cabeza para rezar. Al terminar, continuaron planeando lo que querían hacer para los vecinos en Navidad.

–«Noche de paz, noche de amor» –cantó Antonia con voz temblorosa.

Luego suspiró:

–¡No me sale! No tengo buena voz.

–No te des por vencida –la animó Lunares–, sólo tienes que ensayar más. Pinto, ven a cantar con nosotras.

Esta vez se pusieron a cantar los tres juntos. Luego de unos cuantos intentos, sus voces armonizaban perfectamente. Cantaban:

Noche de paz,
noche de amor,
todo duerme en derredor.
Entre los astros que
esparcen su luz,
bella, anunciando
al niñito Jesús,
brilla la estrella de paz,
brilla la estrella de paz.

—¡Magnífico! —exclamó Leonor, aplaudiendo con entusiasmo junto con los demás bichitos.

—¡Vaya! —exclamó Pinto—. ¡Esas canastas navideñas se ven preciosas!

—La verdad es que sí —agregó Antonia.

En el suelo se veía una hilera de canastas llenas de regalos y bocaditos deliciosos, decoradas con hojas y bayas de acebo.

—Todos se han esmerado en prepararlas y han quedado excelentes —sentenció Arturo, asomándose por encima de la hoja en la que estaba escribiendo.

—Arturo, ¿qué haces? —preguntó Bitita.

—He hecho una lista de todas las familias de insectos del vecindario a las que podríamos llevar una canasta —explicó.

–¿Cuántas tienes? –preguntó Leonor.

–Como doce.

–Eso significa que ya casi hemos acabado –dijo Lunares luego de contar las canastas–. Solo nos faltan dos.

–Es estupendo que las hayamos terminado a tiempo –comentó Bitita–. Esta noche es Nochebuena, y podemos ir a repartirlas.

–¡Qué emoción! ¡No hallo la hora de empezar! –exclamó Antonia, impaciente.

Arturo propuso un plan.

–¿Qué les parece si entre todos terminamos las dos últimas canastas y luego nos alistamos para ir de casa en casa?

–Buena idea –respondieron los demás, y enseguida pusieron manos a la obra.

Nevaba suavemente. Los copos que ya habían caído al suelo crujían bajo las patas de los insectos. Los ocho iban cantando en voz baja: «El camino que lleva a Belén...»

Llegaron así a la vivienda de los escarabajos.

—Buenas noches, familia Escarabajo —saludó Arturo.

—Buenas noches a ti también, Arturo —contestó el señor Escarabajo—. ¡Y feliz Navidad a todos!

—Feliz Navidad —repitió su esposa—. ¿Qué los trae por aquí?

–Venimos a traerles un regalo de Navidad –explicó Leonor–. Es una canasta. Y si no les importa, también les vamos a cantar un villancico.

–¡Ustedes son un encanto! –exclamó la señora Escarabajo–. ¡Qué detalle!

–Nos gustaría mucho escuchar el villancico –dijo el señor Escarabajo.

Sus dos hijitos asintieron con la cabeza.

Antonia comenzó a cantar:

–«Noche de paz, noche de amor...»

Los demás la siguieron; los señores Escarabajo también.

Al terminar la canción, la señora Escarabajo le dio a cada uno un abrazo.

—Muchas gracias por la visita —dijo—. Nos han traído el mejor regalo de Navidad.

—¡Feliz Navidad! —exclamaron los ocho, despidiéndose para ir a la siguiente vivienda.

Fueron así por todas partes, llevando alegría y felicidad y haciendo sonreír a todos los bichitos con que se encontraban. Bien entrada la noche, se despidieron y se dirigieron a sus respectivos hogares.

—Esta ha sido la mejor Nochebuena de mi vida —dijo Bitita.

—Desde luego —exclamaron los demás.

—Me gustaría hacer algo así en Navidad —reflexionó Tristán cuando terminó el cuento—. Pero ¿qué puede ser?

—Buena pregunta —respondió su abuelo—. A lo mejor puedes hacer algo por Damián, nuestro vecino, o prepararles una tarjeta de Navidad a tus padres. Son muchas las cosas que se pueden hacer por los demás. Puedes pedirle a Dios que te dé ideas. Seguro que Él tiene algunas muy buenas.

—Eso voy a hacer —dijo Tristán agachando la cabeza para orar.

Esa fue la mejor Navidad de todas para Tristán, porque hizo lo que más le agrada a Jesús en Su cumpleaños: que pensemos en los demás y procuremos hacerlos felices.

Moraleja:

El mejor regalo de Navidad que puedes hacerle a alguien es tratarlo con amor y cariño. Al hacer felices a los demás, haces feliz a Dios.

Moralejas presentadas en
Insectos de fábula

Los cuentos de este libro exponen de forma entretenida las siguientes enseñanzas formativas:

- Pide ayuda a Dios cuando te haga falta, y Él acudirá en tu auxilio *(El error de Leonor)*.

- Por difícil o imposible que algo parezca, lo importante es persistir. Si pides ayuda a Dios, con gusto te la dará *(Una tonada de la nada)*.

- Haz con los demás como quieras que hagan contigo. Verás lo mucho que recibes a cambio *(Arturo el inseguro)*.

- Siempre hay algo que se puede hacer para animar a los demás y llevarles felicidad. Pídele a Dios que te enseñe cómo puedes lograr que sonrían y se sientan mejor *(Flores y resplandores)*.

- La generosidad hace feliz al que la practica, porque cuando damos a los demás, Dios nos da a nosotros *(La queja de la abeja)*.

- El mejor regalo de Navidad que puedes hacerle a alguien es tratarlo con amor y cariño. Al hacer felices a los demás, haces feliz a Dios *(Felicidad en Navidad)*.

cuentos del abuelito

CUADRILLA y CÍA.

Pepe Volquete, Carmen Pluma, Camión Grúa, los hermanos De Hormigón y la optimista Mini forman parte de una cuadrilla de infatigables vehículos para la construcción. Cada uno de ellos, bajo la sagaz vigilancia del capataz, desempeña un importante papel en la realización de las obras.

✓ Terminar lo que se comienza

✓ Seguir instrucciones

✓ Hacer cada cosa a su tiempo

✓ Zanjar disputas

✓ Ayudar a los demás

✓ Trabajar en equipo

TESOROS DEL MAR

En *Tesoros del mar* se nos presenta a un animado grupo de seres acuáticos del reino de Sabalia. Gobi es un pez tímido que, tras conocer a la sirenita Camila, aprende a hacer amigos. Augusto, el caballito de mar, se mete en peligrosas aguas prohibidas donde interioriza la importancia de obedecer a sus padres. El cangrejo Guido se da cuenta de que cualquiera puede ser un héroe. Unos y otros corren aventuras, hacen diversos descubrimientos y superan más de un conflicto por la amistad que los une.

✓ Amistad

✓ Optimismo

✓ Obediencia

✓ Oración

✓ Amabilidad

✓ Ayudar a los demás